LE CLERGÉ DE REVEL

CONTRE

L'INSTITUTION DELMAS

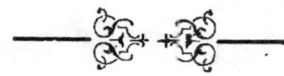

1878

LE CLERGÉ DE REVEL

CONTRE

L'INSTITUTION DELMAS

M. Delmas, ancien professeur de physique au collége de Revel-(Haute-Garonne) établit, l'année dernière, dans cette ville une institution primaire et secondaire.

Cette année, le seul des pensionnaires qu'il ait présenté vient d'être reçu, après examen, surnuméraire dans les postes. Ce succès, quoique des bacheliers ne l'obtiennent pas toujours, n'a par lui-même qu'une importance secondaire ; mais l'ordre moral et le cléricalisme, qui sont parvenus à faire sortir M. Delmas de l'Université après vingt-huit ans de services, ne peuvent pas contester qu'il a eu, pendant son professorat au collége, sa petite part de succès dans les divers examens pour les baccalauréats et pour les écoles du gouvernement. Ce minime succès d'aujourd'hui prouve une fois de plus qu'il peut préparer avantageusement les élèves qui se décideraient à fréquenter son établissement. S'il mentionne ce premier résultat, c'est parce que les agents de l'ordre moral et le clergé, qui en fait partie, n'ont reculé ni devant la déloyauté, ni devant la calomnie pour l'empêcher de réussir et de pourvoir honnêtement à ses moyens d'existence. On a détourné des pères de famille qui étaient décidés à placer leurs enfants dans cette pension, en leur persuadant que tout élève qui la fréquenterait serait refusé à toute espèce d'examen, et ne serait admis dans aucune administration, comme si des examinateurs pouvaient prendre en considération les jalousies mesquines de gens, les uns intéressés, les autres fanatiques. Ceux auxquels on a tenu ces propos ont maintenant la preuve qu'on les a trompés.

Avant l'ouverture de son établissement, on crut être habile en répandant le bruit qu'on lui supprimerait sa modique retraite ; qu'alors, ne pouvant faire ses frais, il serait obligé de quitter la localité, que, par conséquent, les pères de famille n'avaient aucun intérêt à y placer leurs enfants. Ce moyen par trop grossier, n'ayant pas réussi, fut abandonné ; on ne parle plus aujourd'hui de celui-là.

Dès le début, M. Delmas demanda à M. le curé Berdoulat une place à l'église pour ses élèves ; cette place lui fut refusée. S'il n'avait pas voulu conduire ses élèves à la messe, on n'aurait pas manqué de crier à l'impiété. Il veut les y conduire, M. le curé refuse : n'est-ce pas là une hostilité évidente ? Pourtant, M. le curé, s'étant ravisé, céda aux observations transmises par M. Delmas, et une place lui fut désignée. L'école augmentait en nombre, plusieurs élèves étaient annoncés de divers côtés. Ce commencement de prospérité n'était pas du goût de ses ennemis ; il fallait à tout prix y mettre un terme. Un caméléon politique, toujours au service du pouvoir, qu'il soit issu d'un crime ou d'une illégalité quelconque, une âme damnée de l'ordre moral, alla dans les maisons et signifia aux pères de famille qu'ils ne devaient pas laisser leurs enfants dans l'école de M. Delmas. Ces tyranneaux de petit clocher, parvenus d'hier, s'imaginent qu'en faisant de l'arbitraire et de la pression, ils font de l'autorité et qu'ils deviennent des personnages marquants ; ils ne s'aperçoivent pas qu'ils deviennent les singes des seigneurs féodaux d'autrefois. Les émissaires de ce potentat au petit pied ne se gênaient pas pour dire que, soit par la promesse de la gratuité, soit par divers genres de pression, il lui ferait fermer son établissement faute d'élèves, et le forcerait, s'il voulait vivre, d'aller à la recherche d'une localité plus indépendante et plus hospitalière. Ces messieurs se montrent trop pressés de prendre leurs désirs pour une réalité. M. Delmas les gêne beaucoup pour divers motifs, c'est grand dommage pour eux ; mais, bon gré mal gré, il faut bien qu'ils se résignent à le subir. Il a comme eux sa place au soleil ; la masse d'air qui presse sur les parties extérieures de son corps lui appartient ; il la paie même dans une proportion *relativement disproportionnée.*

M. Delmas s'était attardé à croire que le clergé de Revel resterait neutre dans cette guerre déclarée à son institution naissante, que ce clergé pratiquerait l'amour du prochain qu'il fait entendre dans ses prônes ; il se trompait, le clergé de Revel est intervenu par des actes qui sont en contradiction flagrante avec les maximes de son divin Maître.

M. l'abbé Delpech a prétendu que M. Delmas était dans l'obligation de conduire ses élèves au catéchisme. M. Delmas, de son côté, prétend avec raison qu'il n'est pas obligé d'y conduire les externes. Ceux-ci vont bien en classe sans que personne les y conduise, ils peuvent se rendre de même au catéchisme. Pour les pensionnaires, c'est différent : lorsqu'il y en aura, alors il pourra en même temps y conduire les externes. Un jour, deux de ses élèves ne s'y rendirent pas pour des raisons très légitimes ; M. l'abbé Delpech les renvoya tous sans exception, confondant ainsi les innocents avec les prétendus coupables.

Il n'attendit même pas le retour de ces derniers pour savoir le motif de leur absence : voilà la manière dont M. le vicaire pratique la justice ! Après la réception d'une lettre de M. Delmas, il fut bien obligé de les admettre de nouveau ; mais en homme dépité, il les mit à part, comme des pestiférés, sur un banc isolé. Ce bouillant vicaire peut expliquer le catéchisme religieux aux enfants, mais il en connaît un autre, celui des portefaix. Il s'est servi contre M. Delmas, dans l'église même, en présence des assistants et des enfants qu'il préparait à la première communion, d'expressions qu'un homme bien élevé ne prononce pas, mais qui jurent surtout dans la bouche d'un prêtre. Si un professeur de l'Université, de cette Université que le clergé exècre, se permettait un tel langage, et que le rapport en fût fait à l'autorité supérieure, il ne tarderait pas à recevoir une réprimande sévère. Mais quelques-uns de ces messieurs, parce qu'ils sont prêtres, se croient tout permis.

Le moment venu de choisir les enfants pour la première communion, M. le vicaire Delpech dit dans l'église, à haute et intelligible voix : « Les enfants de l'institution Delmas ne feront jamais la première communion tant qu'ils resteront dans cet établissement. » Ces paroles furent suivies d'effet ; deux d'entre eux ne furent pas admis quoiqu'ils fussent dans les conditions voulues. Les parents en furent vivement contrariés. L'un d'eux obtint pourtant l'admission de son enfant ; mais, huit jours avant la première communion, il alla trouver M. Delmas et lui avoua avec regret qu'on lui avait imposé de retirer son enfant de l'institution, sinon il ne ferait pas la première communion. Ni M. le curé Berdoulat ni son fougueux vicaire ne peuvent le nier. L'enfant était d'abord refusé à cause de la fréquentation de l'école de M. Delmas ; il est admis ensuite sous condition d'en sortir. Voilà comment le clergé entend la liberté d'enseignement ! La population, dans son langage un peu gaulois, qualifia ce procédé et le qualifie encore, quand elle en parle, de la manière suivante : *aco es dé la pendardiso*. M. le curé, et vous, M. l'abbé Delpech, voilà comment le peuple vous juge !

Plusieurs familles, tenant à ce que leurs enfants fissent la première communion, les ont retirés à la fin de l'année scolaire, mais ils ne l'ont pas fait sans lui exprimer le regret de cette détermination, ni sans blâmer hautement la conduite de M. le curé et de l'abbé Delpech. Ceux-ci, pour colorer leur mauvaise action d'un semblant de raison, ont fait circuler le bruit que M. Delmas n'a pas de religion. A cela il répond nettement :

Sa religion consiste à être sévère pour lui-même, indulgent pour les défauts des autres, pourvu que ces défauts ne portent point préjudice à autrui ; sa religion consiste à tenir scrupuleusement les engagements qu'il contracte avec les familles dans l'exercice de sa profession. Sa religion consiste à ne rien faire de déloyal qui puisse compromettre les intérêts de son semblable en lui enlevant le pain du jour qu'il cherche à gagner honnêtement.

Quant à ses convictions, soit politiques, soit religieuses, n'en déplaise au ban et à l'arrière-ban de l'ordre moral, personne n'a rien à y voir, pas même M. le curé Berdoulat avec son vicaire. C'est une affaire entre sa conscience et Dieu, et il espère bien la lui rendre vierge de brocantage et de compromis. Ces convictions, il ne les a jamais dissimulées ; ce n'est pas d'aujourd'hui qu'il est républicain, d'où il suit que l'ordre moral l'appelle *radical*. Autrefois, on appelait *rouges* ceux qui professaient les mêmes principes. Cette expression étant usée, il fallait bien en inventer une autre ; celle de *radical* a été mise à la mode. Comme tout mot qui représente une idée générale et abstraite, celui-ci se prête naturellement à une interprétation multiple. Les uns en font un *fourre-tout* ; d'autres veulent y voir selon leur tempérament ce que leur passion désire en extraire au service de leur ambition malsaine. Il y en a qui, se croyant doués d'une seconde vue, finissent par croire sincèrement que ce qu'ils veulent y découvrir s'y trouve réellement. On doit plaindre ceux-là de leur hallucination politique, plutôt que les blâmer, car leur esprit est malade, et cette maladie menace d'être incurable. Mais puisque chacun interprète ce mot suivant sa convenance, M. Delmas a bien le droit d'expliquer son *radicalisme*, puisqu'on l'appelle *radical*.

Si c'est être *radical* de vouloir la justice pour tous, même pour ses ennemis, suivant les droits et le mérite de chacun, *il l'est*.

Si c'est être *radical* de désirer qu'on extirpe les abus jusqu'à la racine, qu'on abolisse les priviléges non-seulement en théorie, mais en fait, *il l'est* ;

Si c'est être *radical* de désirer que, par de sages réformes, la société devienne aujourd'hui meilleure qu'hier, demain, meilleure qu'aujourd'hui ; que la moralisation progresse graduellement vers la limite de la perfectibilité humaine, *il l'est* ;

Si c'est être *radical* d'avoir adopté depuis longtemps pour devise, et pour règle constante de sa conduite, l'application de ces trois mots : *justice, humanité, travail, il l'est* ;

Si c'est être *radical* d'avoir protesté à l'occasion, et de protester encore avec indignation jusqu'à sa dernière heure contre le coup de banditisme du 2 décembre ou de tout autre, *il l'est cent fois.*

Mais il fait des vœux pour que Dieu le préserve de tomber jamais dans le radicalisme cynique pratiqué par les Broglie, les Fourtou, prêché par la bande tapageuse des Cassagnac et compagnie. Ceux qui l'ont vu de près devront se dire : c'est bien lui tel que nous le connaissons.

Dans le monothéisme, il n'y a pas de religion dont la

morale, par son essence, ne recommande la pratique du bien ; le christianisme par ses maximes sublimes a porté l'idéalité du bien à un degré de pureté et de perfection qu'aucune autre religion ne peut atteindre. La conviction de M. Delmas est bien arrêtée sur ce point. Quant aux dogmes, il abandonne aux théologiens des diverses sectes la tâche ardue de leur explication ; mais, malgré leur sagacité casuistique, ils ne sont jamais parvenus à s'entendre entre eux, ce qui ne décèle pas un criterium de certitude : *tradidit mundum disputationi eorum.*

Ce sont les préceptes de cette morale qu'il professe et pratique sincèrement dans la limite de ses forces. En cela sa morale n'est en désaccord avec celle d'aucune religion reconnue par l'Etat. Il respecte toutes les croyances quand elles sont sincères, et ne réserve son dédain que pour quiconque se sert du masque de la religion pour couvrir ses vices, et mieux tromper les hommes. La catégorie de ces hypocrites n'est malheureusement que trop nombreuse ; et l'on voudrait qu'il prenne rang parmi ces figurants de catholicisme dans la grande comédie humaine ! il ne le fera pas. De ce qu'on est membre de cette religion, s'ensuit-il qu'on en doive approuver les abus? non certes. Ces abus pullulent, s'étalent avec d'autant moins de gêne qu'on a soin de les abriter derrière une prétendue infaillibilité.

On a souvent dit et écrit : *la religion se perd, la foi s'en va.* Ce n'est pas la faute des indifférents, des incrédules et des impies. Ces gens-là ne peuvent rien contre la religion. Elle se défend assez d'elle-même par la pureté de ses maximes ; la faute en est à ceux de ses ministres qui la déconsidèrent par des actes répréhensibles, on en est venu à faire passer le temporel avant le spirituel. Cette préoccupation jette les âmes faibles dans l'indifférence. De celle-ci à l'incrédulité, il n'y a pas loin ; de l'incrédulité à l'impiété, il n'y a qu'un pas. Quand on en vient à critiquer un acte mauvais en soi, vite ! on crie qu'on attaque la religion. Ce n'est pas la religion qu'on attaque, ce sont les abus qui se commettent sous son égide. Le code du catholicisme renferme cet article de foi : *hors de l'Eglise point de salut ;* que n'y ajoute-t-on comme nouvel article de foi cette autre maxime pratiquée aujourd'hui au grand jour : *hors du temporel point de miséricorde !* Ce sont ces pratiques profanes, cette soif insatiable de domination qui font un tort immense à la religion en augmentant le nombre des indifférents. Heureusement il se produit de loin en loin des exemples de dévouement qui relèvent les âmes affaissées; un Monseigneur Affre mourant sur les barricades pour prêcher la paix et la concorde au milieu d'une insurrection fratricide fait plus de bien à la religion que ces appétits de domination mal déguisés. Qu'un prêtre soit fermement résolu à pratiquer dans sa lettre et dans son esprit cette maxime du Christ : *mon royaume n'est pas de ce monde*, qu'il reste étranger aux compétitions terrestres, que, prenant sa mission au sérieux, il devienne le vrai représentant du Christ en faisant le bien, en apportant ses consolations à l'affligé, sans se préoccuper s'il est un *radical* ou un vrai croyant, il est accueilli partout non avec un respect de commande, mais avec une vénération spontanée. Au milieu des déceptions humaines, il produit l'effet d'une personne aimée dont la vue inattendue porte dans l'âme un baume consolateur. Celui-là (qu'on permette au profane qui fait ces réflexions d'user d'une expression consacrée par l'Eglise) augmente le nombre des fidèles, diminue d'autant celui des indifférents, ramène les incrédules, et son nom seul fait courber le front de l'impie en le réduisant au silence.

M. le curé Berdoulat prononçait naguère en chaire cette phrase : « qu'il fallait un peu moins d'instruction, un peu plus de religion. » Sans entrer à ce sujet dans une discussion qui mènerait trop loin, M. le curé Berdoulat ferait bien de mettre en pratique celle-ci : un peu moins d'intolérance, un peu plus de justice.

Agents et courtiers de l'ordre *moral*, mot au commencement duquel manquent deux lettres, et vous, ministres du culte catholique, qui interprétez judaïquement la loi du Christ, qui méconnaissez la loi civile (car vous n'avez pas le droit de porter préjudice aux intérêts du prochain, le concordat lui-même vous l'interdit), vous pouvez entasser les obstacles sur la route de ce libre-penseur, multiplier vos machinations peu chrétiennes, parviendriez-vous même à lui enlever tous ses élèves, vous ne réduirez pas son âme ; comme une race de rongeurs qui s'en prendraient à l'acier, il vous prévient que, dans ce travail, vous y userez toutes vos dents en pure perte.

Ah ! si ces temps de politique orageuse, alimentée par des

— 8 —

menées ténébreuses dont la source ne vous est pas inconnue, pouvaient amener une sainte inquisition flanquée d'un tribunal du saint office, comme M. le curé Berdoulat et son digne vicaire l'abbé Delpech se régaleraient de traîner devant ce tribunal *ce mécréant de petit Delmas* pour le faire condamner, comme impie, hérétique, radical, etc., à être brûlé vif !!! Il y aurait alors des prières, des processions, M. l'abbé Delpech donnerait un échantillon de sa verte éloquence, les femmes se signeraient plusieurs fois, les hommes se regarderaient de côté en étouffant un éclat de rire. Dans cette cérémonie empruntée d'un autre âge, on se garderait bien d'oublier la quête, et tout cela se ferait *ad majorem Dei gloriam*, comme si de tels holocaustes pouvaient être agréables à Dieu ! Qu'on ne dise pas que le plaignant fait un tableau fantaisiste pour se poser comme victime, on abuse de la religion pour l'empêcher d'augmenter ses moyens d'existence, s'ils ne vont pas plus loin, ce n'est pas la volonté qui leur manque, c'est la puissance. Pour en arriver aux auto-da-fé, nos mœurs, l'esprit public, les lois, l'Etat, tout s'y oppose, tout excepté les fabricants de syllabus et leurs coryphées.

Sous réserve expresse des moyens d'action qu'il intentera plus tard, s'il le juge convenable, il soumet provisoirement à l'appréciation du public sa conduite dans cette ville pendant plus de quinze ans, comparée aux procédés odieux du clergé de Revel, procédés que la société désapprouve, que la loi condamne, que la charité chrétienne désavoue.

Le chef d'institution,

DELMAS

Revel, 3 janvier 1878.

TOULOUSE, IMP. VIALELLE ET Cⁱᵉ.

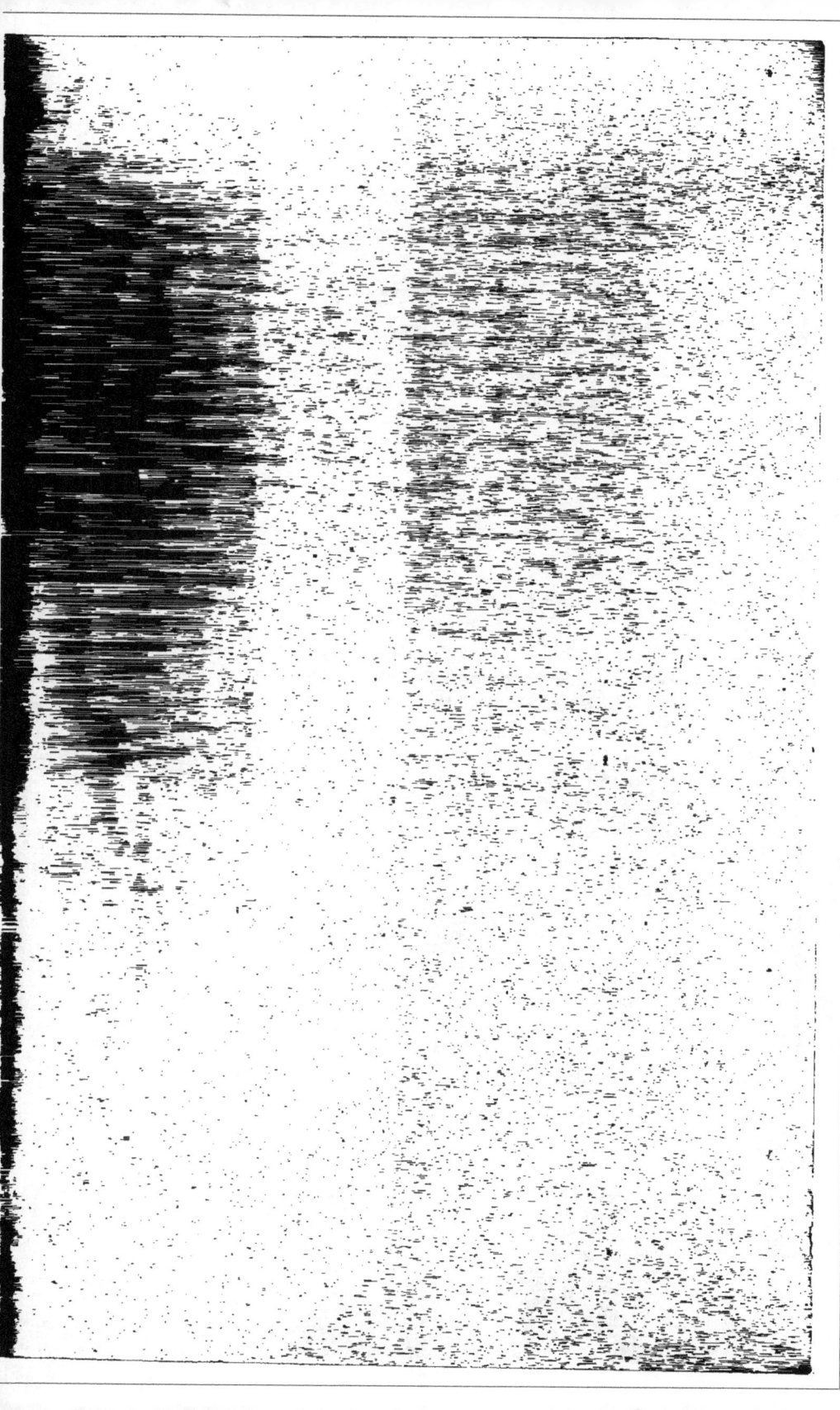

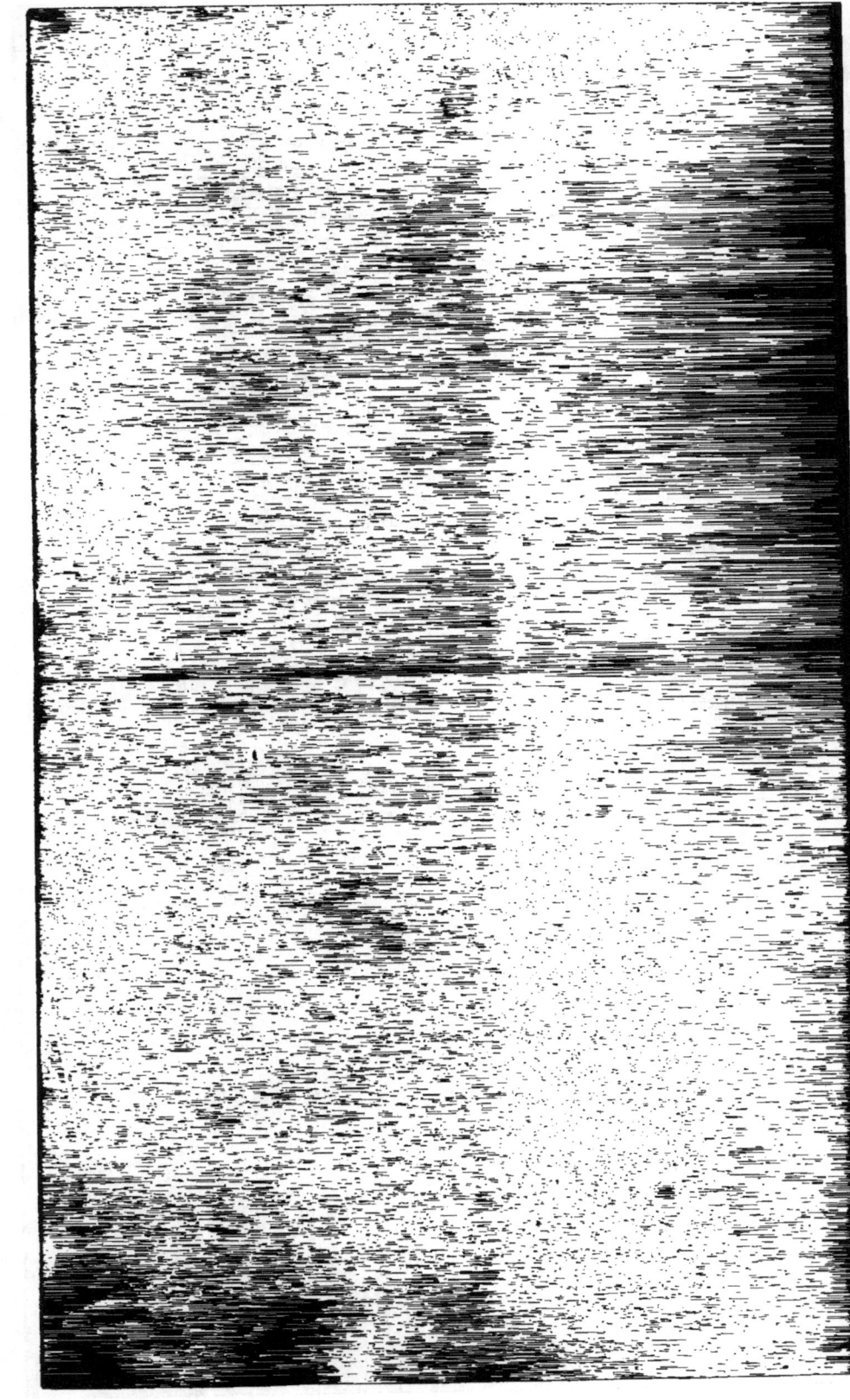

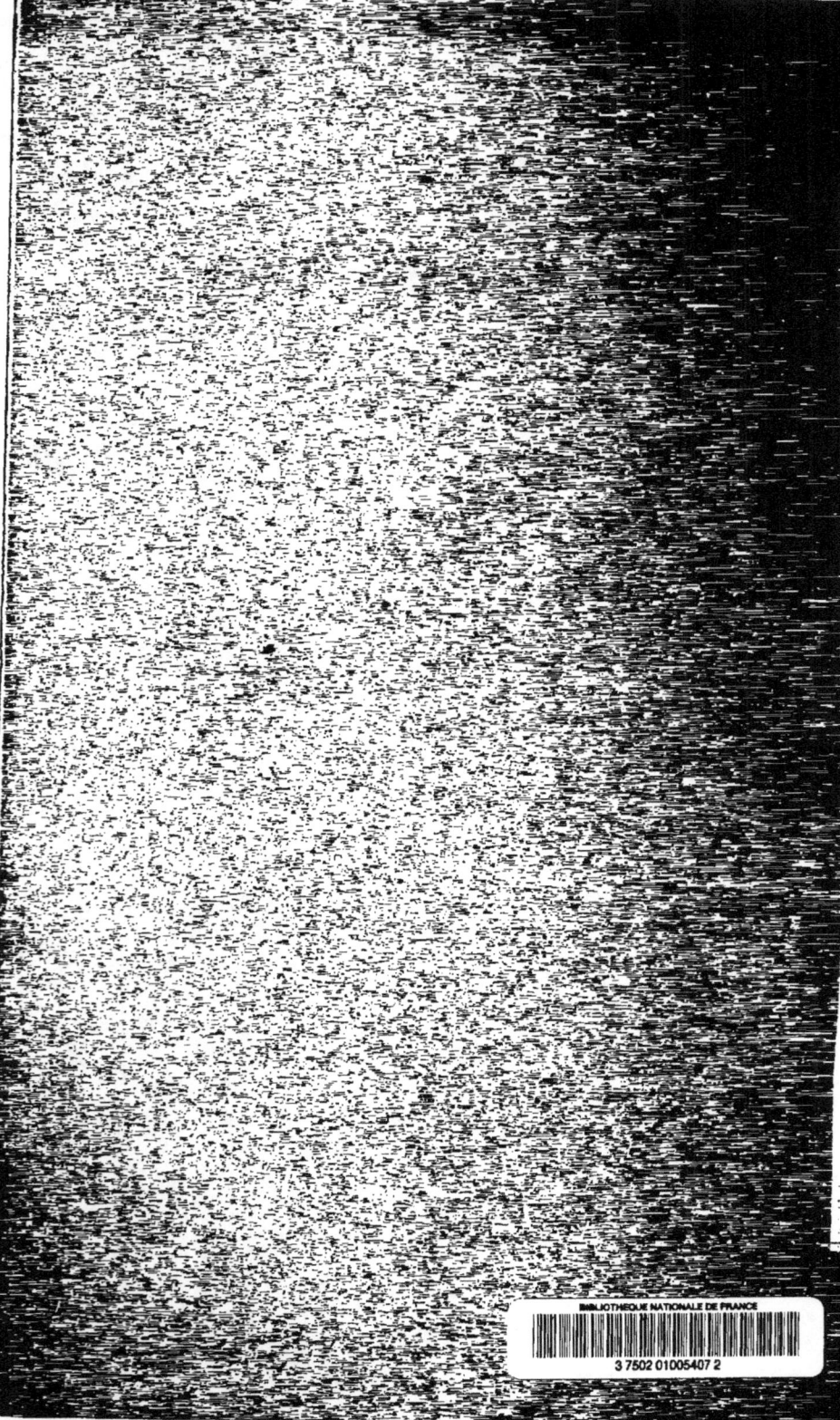

www.ingramcontent.com/pod-product-compliance
Lightning Source LLC
Chambersburg PA
CBHW071427060426
42450CB00009BA/2069